마음에 숨기려던 오래된 것들이

마음에 숨기려던 오래된 것들이

2019년 10월 14일 초판 1쇄 찍음
2019년 10월 17일 초판 1쇄 펴냄

지은이 _ 박식주
펴낸이 _ 나문석
디자인 _ 장영도
펴낸곳 _ 도서출판 두엄

등록번호 _ 제03-01-503호
주　　소 _ (41969) 대구광역시 중구 명륜로 12길 21
대표전화 _ (053) 423-2214
전자우편 _ dueum@hanmail.net

ISBN 978-89-85645-83-6 (03810)

* 책값은 뒤표지에 표시되어 있습니다.

이 도서의 국립중앙도서관 출판예정도서목록(CIP)은 서지정보유통지원시스템 홈페이지(http://seoji.nl.go.kr)와 국가자료종합목록 구축시스템(http://kolis-net.nl.go.kr)에서 이용하실 수 있습니다. (CIP제어번호 : CIP2019039725)

마음에 숨기려던 오래된 것들이

박식주 시집

도서출판 두엄

2019

시인의 말

세상의 모든 주인 없는 이름들에게
…….

2019년 10월
박식주

차례__

제2부

제3부

제1부

주태백 소나타 1

캄캄한 담 밑에 쪼그려 앉아
흩어지는 담배연기를 한참이나 바라보고 있노라니
두 눈에서 흐르는 게 있어
늑대처럼 대가리를 하늘로 치켜든다
그리고 외친다
아, 인생은 왜 이토록 허망한가
회오리치는 허무 앞에서
나는 누구인가
당신은 누구인가

이 세상을 발아래 굽어보는 천지신명은 알런가
우린 눈물의 의미를 알기 위해 울자
흐르는 눈물이 아닌 끈적한 하늘 끝에서
심장의 시작 부분에 와닿는
그런 눈물로 우리 한번 목놓아 울자꾸나
운들 소용 있겠는가
태워도 남아질 외로움의 씨앗
허무의 씨앗인 것을

내 깊은 곳에 처박혀있는 허무는 빠지지 않는다
어디로도 돌아 못 갈 살아 있다는 외길
인간은 본래가 쓸쓸한 것이요
고통이 인생이라면
목을 축여 순간의 도취에서 영원의 망각을 낚겠다
안갯속을 헤매는 듯한 기괴한 세상
허무를 잉태하고 있는 그 삶에 집착하면
제 명대로 못 살 것 같아
열심히 취하고
열심히 앓고
열심히 죽을 것

나는 나의 약속을 이승에서 지키리라
나는 나의 꿈을 이곳에서 깨리라
시간이여 진하게 모여라
공간이여 진하게 피어라

주태백 소나타 2

살아간다는 것
진실로 가슴 저미는
진실로 땅을 치며 통곡케 하는
사람 말려 죽일 무엇이 있는 것인데
정말, 정말로
절절한 그 어떤 것이 있는 것인데
주태백 당신은
하필이면 사람으로 피게 된 이유를
자신 있게 말해보소
수십 권의 일기장이면 그 이유를
죄다 적을 수 있다고 생각하시오
오! 주태백 신이시여!
이다지도 우매한 주태백을
진정으로 물 말아 골로 보낼 작정이오
낙엽 지듯 인간도 질 수 있는
늦가을의 깊은 밤
뒷산의 음침한 계곡에서나 아니면
지붕의 서까래 나무에

부처나 예수를 죽일 놈이라 원망하며
사람 되었음을 절절히 후회하며
목매다는 자 한 둘이겠소
부디 단단히 매서
아차,
실수 없이 잘들 죽게 해주시오

주태백 소나타 3

마냥 즐거운 일만 있고
항상 새가 지저귀고
영구히 꽃이 핀다는 이상향과 흡사할
극락에의 유혹에 껌뻑 넘어가
이 현실을 먼 발치에서 방관하는 자들아
똑똑히 들으렷다.
今生과 來生이 있다고 속인 놈이 누구냐
뼈를 깎는 고통과
말려 죽일 외로움과
목매달게 하는 허무에
피 흘리며 도전하기 싫으니까
어떤 망할 놈의 자식이 씨부린 말이 아니냐 말이다
생을 방관한다면 망쪼다 망쪼다
나는 뭐 기가 막히는 사람이고
한숨 나오는 주태백이다
설 미쳐 주절대는 말
괘념치 마시고 가던 길 가시구랴

주태백 소나타 4

다시 태어난대도
나는 나를 만나지 않겠다
無量劫을 두고 깜깜하던
내 본래의 면목을 만나고자
발로는 천 길 절벽을 딛고
손으로는 만신 구름을 헤치나니
고달픈 이내 몸뚱어리 쉴 곳은 어디 메인고
빛없는 무덤 같은 삶 무던히도 살아간다
영원히 허망의 칼날 위에서 춤추어야 한단 말인가
누군가는 말했다
'진실로 이 아픈 인생을 자기 것으로 만들려면
자기한테 일러 책임을 질 수 있는 만큼에서만
타인을 얘기하라'
이 말 또한 위선이다
행동이 따르지 않고 떠도는 말들은
자신을 고급으로 속이는 행위이기 때문이다
인생을 배제한 행동이라면 타락일 것이라고 생각하는 순간

이 말을 좋아하고픈 그 순간
일체의 벽도 꽃이 되어 열린다
이대로
그냥 살아지는 거
그냥 살아내는 거
내 그대를 만났기에

주태백 소나타 5

맞설까보다
퇴치시키지 않고
그대로 앓으며
쓸쓸함과 맞설까보다
잠시만 조용히 비켜 봐 달라
비극의 원천은 아직도 까맣게 멀다

주태백 소나타 6

주태백 신이시여
참말로 오랜만이지요
그동안 기체 보존하옵셨는지요
당신이 보시기에 요사이 박식주 어떠합디까
주태백이 아니라 그냥 식주일 뿐이라구요
헤 미안하외다
속이 아파 혼이 나 있으니
좀 봐 주시라요
주태백 신요
맨 정신에 하는 말도 좀 들어줍시다
그냥 답답해요, 가슴도 아프구요
왜 내 길은 안 보입니까
이제 보일 때도 됐잖아요
잠 못 들고
몇 시간 후면 날이 밝겠지요
날 밝으면 뭐 합니까
보이질 않는데
그러니 이렇게 도움을 청하는 거 아닙니까

장미와 의논하라구요
싫어요 그건
나만 괴로우면 됐지 뭣 땜에
그 사람까지 애타게 합니까
주태백 신요
제발 부탁이오
이리도 답답하고 아픈 가슴
소주가 답이라요
젠장, 소주 아미타불 아멘!

주태백 소나타 7

깨어 있기 싫다
견디기 힘드니까
잠들어 있기도 싫다
꿈인들 편하지 않아
취해 있고 싶다
세상이 비틀거리니까
이딴 글 쓰고 싶지 않다
사랑의 꿈을 꾸며
견디기 힘든 사랑을 이야기하며
꿈꾸는 듯한 사랑을 노래하며
비틀거리는 세상도
아름답다 하고 싶다
이토록 힘든 하루
이렇게라도 견딜 수밖에

주태백 소나타 8

지금 비가 멈추기를 바란다
비만 오면 내 생일이라니
그래서 오늘도 축하 술을 마셔야 하나니
오늘은 그만하자
더 이상 슬퍼지기 전에

마음에 숨기려던 오래된 것들이
저 빗방울에 아리구나
감추어 두었던 추억들
빗속에 맡겨진 마음으로
애틋한 그리움이
외로이 고인다

비야 그만 멈추어다오

주태백 소나타 9

존재하지도 않는
네 영혼, 심연의 늪에서
내가 이다지도 허우적거려야 하는 이유 또한 모르겠구나
사람아
씨 뿌린 잉태의 고통을 넘어서
하늘거리는 어느 겨울의
낯선 포도를 장식한
내 영상의 꽃이여
너를 향해 뿌린
오월의 흑장미는
이제 이 땅에는 영영
겉 뿌리조차 사라질 것인가
애(愛)야
이제는 나의 창을 닫으련다

오, 그대여 1

그대를 만났기에 썩어자빠진 이 세월에 감사한다
내가 살고
네가 사는 이 세월이기에
너는 결코 내가 너를 좋아하는
그 이상을 넘지 못하리라
네가 하늘 아래 있는 것만으로도
나는 질투한다
그대여
나의 그대여

오, 그대여 2

바람도 자는 밤
별이 빛나고
달도 함께 빛나는 밤
그대여
이 밤을 이 밤답게 아프고
고독하고 쓸쓸하게 몸부림치다 잠들라
밤을 지새워 오열했지만
끝내는 하얀 백지로다

오, 그대여 3

흐르는 이 세월을 병 속에 담아 두고 싶다
찌들고 병든 이 세상이 싫다
깨끗하고 순수한 것만 골라 고이 간직해둔
그 세월을 나누어 마시고 싶다
빛나는 것만 골라 소주에 절여둔
그 술을 나누어 마시리라

오, 그대여 4

없는 거 아무리 찾아도
결국엔 없는 것인가
할 수 없는 건 아무리 할래도
결국 못 하는 것인가
아직 외로움과 그리움의 매장량은
바닥나지 않았다
잊지 마시라

오, 그대여 5

좋아한다 사랑한다는 말이 동이 나면
달리 더 할 말이 없는 걸로 나는 안다
어정쩡한 말은
애당초 내게 없었고

모든 건 말장난
이 말도 역시 말장난이라
그대는 웃겠지만

오, 그대여 6

샛노랗던 잎사귀는 이미 거덜 났소
머지않아 비 보다 못한 눈이 올 것이오
그래서 그대에게 줄 선물을 마련해 두었소
낙엽 진다고 너무 쓸쓸해 마오
연인이야 죽고 못 살다가도 헤어짐이 따르지만
사람과 사람이 서로 친하다면야
따로 이별이 따르지 않으리라
결코 그대를 구속하지 않겠다

오, 그대여 7

주절댈 그 대상이 누구인지 몰라
없을 것만 같아
하지만 내 생에 박수를 보낸다
어쩔 수 없는 방관자로
어쩔 수 없는 중독자로
어쩔 수 없는 골초로

오, 그대여 8

모두가 잠든 밤
쥐새끼도 고요의 적막감에 떨며
소리 내지 못 하는 밤
나와 같은 인생의 허망 자는
이 밤도 꼬박 지새울 것인가
깊고 푸른 밤
마지막 촛불이 탈 때
그들도 이유 없이
울고 또 울 것인가
울어줄 것인가

오, 그대여 9

주제 파악 못하고
바라지도 않지만
제발 인생행로에서
주저앉지나 말자구나
타락하지도
그렇다고 초월하지도 말자
그건 위선이고 자기 기만이니까

오, 그대여 10

이 세상이 나에게 띄우는 마지막 미소는
찾아오는 조객들마다 이렇게 말하라
축, 사, 망
아 얼마나 어울리는 말인가
나 같은 얼간이 이제 죽으니
박수를 칠지어다
그러나 너만은 그러지 않을 것임으로
이 세상 모든 이들에게 그렇게 했을지라도
너에게 만은 그렇지가 않았다
오직 사랑했으니까

제2부

긴 여행 1

가방 하나 달랑 들고
한 보름 여행 갔다 오마고
집을 나섰다
그것이 그리도 긴
여행이 될지도 모르고

눈치챘는지
일곱 살 딸 녀석이
다리를 잡고 떨어지지 않아
결국은 거짓말을 하고

가방 챙겨주고는
휑하니 나가버려
얼굴도 옳게 보지 못하고
그렇게 나섰다
아마도 숨어서
울고 있었겠지
착한 아내는

경산역
제일 빨리 가는 차표
부산행이란다

그래서 탔다
그렇게 나는 떠났다
눈을 꼭 감은 체

긴 여행 2

내렸다 부산에
갈 곳이 마땅히 없었다
사촌이 사는 아파트로 찾아가다
행색이 초라해서인지
반기지 않는 눈빛이
결국은 가라 한다

어디로 갈까
지하철 공사장을 찾아가다
일 좀 하자고
어림없는 일이었다
싸구려 여관에서 며칠을 보내다
그러다 누구누구의 소개로
서울로 가다

일당 삼만 원
드디어 노가다를 시작하다
그러나 며칠 못하고 쫓겨나다

작정했던 보름이
지나고 있었다
고달픈 몸이었지만 마음은 왠지 편안했다

결심했다
정리될 때까지는
집으로 가지 않겠다고
하지만 말로만 듣던 노숙
지하철역
다리 밑
비를 맞던 그 모든 곳
완전한 거지 신세

긴 여행 3

사람 한 평생
몇 년을 사나
이런 것도 삶이라고

사랑하는 사람
몽땅 남겨 두고
혼자 떠나와
쭈그리고 앉아
이런 것도 삶이라고
살아야 하나

고픈 배 움켜쥐고
달랑 오백 원
조 앞 포장마차
오뎅 국물에 김이 오르고
냄새는 여기까지

비까지 겹쳐오니

어실어실 떨리는 몸

더듬거려 찾아낸
젖은 장초
조심스레 말려
불을 당기니 입맛이 쓰다

꼬르륵 꼬르륵
이런 것도 삶이라고
살아 있어야 하나

긴 여행 4

거기 가면 밥 줘요
밥 준단다
그래서 갔다
새벽 5시
웬 사람들은 그리도 많은지

일용직 나간 첫날
운 좋게도 뽑혀 나갔다
3일을 굶은 뒤라
많이 어지러웠지만
오전 참 때까지는 잘 견뎌야지
일하는 2시간 30분은
얼마나 긴 시간이었나
드디어 오전 참
라면, 국물 한 방울까지
그제야 앞이 조금 보인다
점심을 먹고 나니 더 잘 보이는 것 같았고
그럭저럭 일 마치고

인력 사무실에서 받은
일당 사만 오천 원
거금이었다
이 돈이면 일주일은 살 수 있다

거기 가면 밥 준다
그래서 또 갔다
새벽 5시
인력시장의 생리를 모르고
무턱대고 두 시간을 기다렸다
옆에서 보기가 안쓰러웠던지 말을 건넨다
집에 가세요
오늘 당신은 데마찌에요

긴 여행 5

TV로만 보던 풍경이었다
추운 겨울날 모닥불 피워놓고
옹기종기 모여
뽑혀서 일 나가기만을 기다리는
새벽의 인력시장

온 가족의 생계가 걸린 사람
정년퇴직하고 소일 삼아 나온 사람
학비나 용돈을 벌어 볼 양으로 나온
아르바이트 학생들
그리고
나처럼

언 발 동동 구르며 복불복의 시간이
지나가면
일 못 나가는 사람들
빈속에 깡소주 한 병 털어 넣고
갓 떠오른 태양을 무겁게 이고

어디론가 허망한 걸음을 옮긴다

데마찌
뜻도 모르는 그 말이
소매치기당한 듯 허탈한 그 말이 싫었다

긴 여행 6

박한내
누구 딸
아빠 딸
누구 꺼야
아빠 꺼야
언제까지
죽을 때까지

매미 소리에 보고파
소주 한 잔
새소리에 슬퍼
눈물 한 방울

긴 여행 7

방이 너무 추워
촛불 하나 켜 두고
하루 종일 나는
몸이 아프다
하지만
네가 아플 것 같아
난 아프지 않으려 한다

부치지 못할 편지를 쓴다
사랑하는 사람은
곁에 있어도
늘 그립다고 하는데
하물며 천리 먼 하늘아래 있는 당신이야
그립다 그립다 말장난이고
차라리 펄쩍 뛰며 미치고

외롭다 외롭다
허공의 메아리고

차라리
가슴을 쥐어뜯고

내가 나를 외롭게 하고
내가 나를 슬프게 하고
내가 나를 고독케 하고
그래서
내가 나를 힘들게 하니
내 집으로 돌아가는 날까지
시간을 견뎌야 하는 것이
나는 두렵다

긴 여행 8

한 잔 술에 그리운 얼굴 하나
또 한 잔에 보고픈 얼굴 둘
술이 나를 슬프게 하는 건지
내 삶이 슬픈 건지
취할수록 떠오르는 얼굴들 늘어가고
후회하며 울고 싶은 일들이 많아진다
아히야
숨 쉴 곳이 있느냐
아히야 넌
갈 곳이 있느냐
아히야 널
보고파 하는 사람 있느냐
그래서 아히야
기쁜 일들이 있느냐

난
아무것도 없구나

긴 여행 9

하반신 모두를 깁스하고 누워 있는 철환이
이 더운 여름날
어린놈이 견디기 많이 힘들 텐데
'아빠, 아빠가 오니 엄마가 좋아하지?'
기특한 녀석 그놈 속엔 뭐가 들어 있는지
그렇게 큰 사고를 당한 녀석 옆에 있어주지 못하니
또 죄를 짓는다
그저 한숨만 나온다
한내가 보고 싶다
너무나 보고 싶어 미치겠다
2주 동안 떨어진 인천교육 때도
30분이나 볼을 부비며 떨어지지 않던 아이인데
아빠 보고 싶어 열두 번이나 울었다고 했는데

긴 여행 10

애틀랜타 올림픽이 한창이다
관심이 없다
현장 일이 고되다
마지막 순간
숨이 턱에 차고 비 오듯 땀이 쏟아져
순간 앞이 아무것도 보이지 않는다
대구에 남아있는 모든 사람들의
얼굴이 필름처럼 눈앞을 지나갔다

잠시만 앉았다
긴 한숨과 탄식을 깔고

긴 여행 11

오늘이 벌써 일요일이란다
일하러 나갔다가 비가 너무 많이 와서 돌아와 내 방에 앉았다
지금은 9시 대충 비는 그치는 것 같다만
오늘은 더 이상 일하고 싶지 않다
생각 안 하리라 그렇게 다짐했건만
얼마 전 새벽 대구에 내려갔을 때
전해 받은 아내의 사진을 꺼내 놓는다
행여 마음 약해질까 어떤 사진도 가져오지 않았는데
장미, 지금쯤 일어나 부산히 움직이고 있겠지
오늘도 고단한 하루가 시작이 될 텐데
식당 일에, 부모님과 함께 이래저래 미안하구나
언제쯤이면 남들이 말하는 호강시켜 줄 수 있을까
그날 어서 오게 노력할 것이다
지금쯤 엄마 아버지 얼마나 마음고생하고 계실까
감히 용서해 달라는 말이 나오지 않는다

긴 여행 12

장미야
재미난 얘기 하나 하께. 삼일 전 이가
박 소령하고 여기서 조금 떨어진,
얼마 전 내가 토목기사 보수교육받던 근처
몇 번 간 식당에 소주 한잔하러 갔거든
정욱이는 먼저 가고 난 좀 있다 나왔는데 술이 좀 취했어
어떻게 지하철을 탔는데
내가 잠시 잠들었던 거야
누가 깨우는데 역무인이 여기가 종착역이니 내려달라나
12시 30분
주머니 뒤지니 1550원
비는 억수같이 오고 석계역이라 쓰여 있더라
일단 택시를 잡아타고 목적지를 얘기하니
나보고 미쳤다는 거야
만 오천 원 이상 나온다나
그러면서 나를 파출소로 가 보라고 실어주더라

파출소에서 통사정을 했지
2만 원만 빌려달라고,
턱도 없는 소리라고 곧 쫓겨나고 보니 다시 그 역으로
언뜻 떠오르는 게
지하철역에 사람들이 꽤 잔다는 말이 있어 뛰어갔더니
그 석계역은 지하역이 아니고 지상에 있어
셔터가 내려져있었어
순간 앞이 막막했어
몇 미터 걷다 보니 비가 안 오데
알고 보니 비가 멈춘 게 아니고
내가 고가도로 다리 밑으로 들어간 것이었어
마침 그곳은 쓰레기 버리는 곳이라
박스와 신문지들이 어지럽게 놓여 있었어
그래서 생각한 게 고가도로 기둥에 붙어
종이 박스 뜯어 누울 자리 만들고 신문지 찾아 이불 만들었어
여전히 비는 세차게 내리고 저어기
포장마차에선 모락모락 김이 나는데

신문지는 잠만 들면 자꾸만 날아가고
옷은 젖어들고 자다 말다 일어나 현장에 도착,
지하철비 빼니 50원 남았더라
재미있지? 장미야!

긴 여행 13

노가다
쌍노가다
용역노가다
어렵고 힘든 일 도맡아 하는
같이 노가다 하는 사람들이
깔보고 무시하는 쌍노가다
무시당하는 사람끼리라도 손발이 맞아야 해
뺀질이 한 놈 섞이면
누구는 뭐 빠지게 일하고
누구는 탱자 탱자 놀고
결국은 그 사람 일마저 해줘야 하고
'할 일 없으면 노가다라도 하지'
하기 쉬운 말
전공이 노가다인 노가다 인생
알면 알수록 더 어려워지는 거
무슨 일이든 다 그렇겠지만
깨닫고 나면 몸이 따라주지 않을
나이만 수북하니

긴 시간
불살라버리면
한줌 재로 날리고

긴 여행 14

몇 달 만인가
일기 쓰기가 점점 어렵다
별로 하는 일 없이 인천에 눌러 앉았다
비 안 새는 방 하나 얻어 매일 책만 본다
생활비 떨어지면 막일 나가고
공백 기간 동안 일어난 많은 일들
생각과 다르게 일어나는 결과들
내게 있던 돈들을 털어 어떤 일에 써버렸으니
집으로 가는 길이 점점 멀어지나 두렵다

긴 여행 15

목소리 듣고 싶어 전화를 했다
신호가 울리고
철환이가 전화를 받는다
순간 눈물이 펑펑 쏟아졌다
누구냐
자식이 할아버지 손자란다
니 이름은
박철환입니더
얼마나 듣고 싶은 목소리인가
얼마나 부르고픈 이름인가

아무 말이나 해봐라고 했다
혹시 박식주 씨 아니세요
그 순간 난 전화기를 놓았다
어떻게 해
내 가슴이 터질 것 같아
고개 숙이고
소리 내어 운다

이제는 전화를 안 해야지
돌아갈 때까지

긴 여행 16

이사를 했다
보증금 30만 원에 월세 11만 원
지금은 인천 부평구에 있는 서울전기에서 일한다
사장이 방 얻어 준다고 했지만
내가 거지냐
기실 거지보다 못하지만
이런 방에서 혼자 살게 될지
이러니 세상은 살아봐야 안다고

며칠 전 장미를 만났다
내 마누라 이뻤다
그렇게도 그리운 얼굴이었으나
돌아갈 때 내가 연락할 때까지
찾지 말라고, 몇 년이 걸리더라도
울었을 거야, 미안해
보고 싶어, 미안해
한내는 내가 사준 인형을
아빠라고 껴안고 잔다는데

긴 여행 17

온몸이 아프다
비 맞아가며 오전 내 일하다 도저히
오후엔 쉬었다
집 떠나온 지 처음으로 목욕탕에 갔다
사지 육신 안 아픈 데가 없다
장기간의 노가다로
양 발은 물집이 잡혀 걷기도 힘들다
대구에 남아있는 모든 분들께
조금이나마 죄송해서
나의 육체적 고통보다 더하면 더했지 덜하진 않을 테니
앞으로 수많은 난관이 닥칠 텐데
나의 현재 머리로는 수습할 길이 없다
어디로 어떻게 접근해야
이 문제들을 무리 없이 풀 수 있을 것인가
최악의 상황이다
이런 순간에도 보고 싶은 가족들
부모님 동생 해숙이 희주

나의 할머니

긴 여행 18

방을 나서며
벽에 걸린 사진 보며
다녀올게
퇴근하곤
갔다 왔어
혼자 말을 한다
처음엔
자식들이 죽을 만큼 보고 싶더니만
지금은
아내가 또 그렇게 보고 싶네

긴 여행 19

일기, 최근 들어 쓰지 않는다
자꾸 생각이 날 것 같아
너무 외롭고 그리워서 쓸 수가 없다
생각날 때 그 생각이 흘러가는 대로 두어야지
일기 쓴답시고 또 생각을 잡으면
못 견딜 것 같아서
덩그러니 혼자 있는 방에서
울지 않으려면
이제 일기도 그만 쓰련다

긴 여행 20

죽음을 생각한다
끝이라는 거
꿈도 현실도
모두 끝일 것이다
사방이 막혔다
더 이상 열어 볼
창도 없다
꿈이기를
꿈에서 깨어나면
모든 게 제자리이기를
보고픈 이 그리운 이
그저 그 자리에 있어다오
이 생활이 꿈이기를

살이 나가고
피가 나간다
죽음,
진실로 생각해본다

긴 여행 21

부도로 인한 '기소중지'
자유롭지 못한 몸
조용히 일만 해야지
부당하다고 대들다간
기소중지는 하나도 두렵지 않다
이대로는 억울하고 억울해
피할 수 있는 데까지 피하는 거다
내가 하고자 하는 일을 할 수 있게
내 가족 날 믿어준 모든 이들에게 돌아가는 날
죽어도 좋은 그날을 위해 견뎌내는 거다
크리스마스
장미가 두꺼운 옷을 챙겨 왔다
내가 있을만한 곳을 이틀을 찾아서 왔다
너를 보면 다잡은 마음이 흔들리고
미안하다, 그리고 사랑해 장미야
노래 가사처럼
'언젠가는 너와 함께 하겠지
지금은 헤어져 있어도

……

조금만 더 기다려
네게 달려갈 테니
……'

긴 여행 22

부산으로 도망, 부산에서 서울로
서울에서 부산
부산에서 다시 인천
지금 여기는 부평
평생을 통해 가장 많은 원망을 들었던
뼈 속까지 아팠던 한 해가 간다
모든 이들에게 진 빚을 갚을 수 있게 되기를

객지 나와서 아프면
서러워 눈물이 난다지

서러워 눈물이 날 정도로만
아팠으면
정신마저 혼미해질 만큼
죽을 만큼이 이만큼일까
열심히도 앓았다

살다 살다 지쳐 쓰러지면

나 어디로 가나
고향으로나 갈 수 있으려나
애꿎은 담배만 혼자서 타네
소주잔 앞에 두고
반병에
취하네

긴 여행 23

꿈은 가슴을 가르며
쏟아져 나오는데
피를 흘리며 죽어간다
가슴은 터질 듯이 끓어오르는데
한 발자국도 움직이지 않는다
움직여 볼 근본이 없다

힘이 빠져나간다
정신은 아득해지고

노오란 하늘이
머리 위에 걸렸다
태양이 나를 힐끗거린다
나는 바로 볼 수가 없다
이젠 세상이 노랗다

나의 삶은
환상이었음을

긴 여행 24

너무 아파
일기를 쓸 수가 없다
엄마가 보고 싶다
안타까운 건
그리운 얼굴들이
기억의 저 건너편에 있는 것 같이
어렴풋하다는 거
하나하나의 얼굴들을 기억해내려 애를 써본다
잊기 위해 노력한 결과인가
하지만

긴 여행 25

손이 지리다
생각을 떨치려 일에 미치다 보니
그들은 몰라도 전공이 토목이니
일머리에 마무리 깨끗하니
안심이 된다고 어디 가나 현장에서 인정을 받는다
약국에서는
일을 너무 많이 해서 피가 안 통한단다
그렇다고 약을 두 달이나 먹어야 한다나
흘려들을 수밖에
손가락이 펴지지 않아
글을 쓸 수가 없다
하루도 쉬지 않고 18일째다
생각을 떨치기 위해서

집으로 돌아갈 때는
깨끗한 몸과 마음으로 돌아가고 싶은데

긴 여행 26

첫눈이다
또 추워졌으니 며칠을 쉬어야 하나
굶기를 밥 먹듯이
이제 숙달될 법도 한데
자꾸만 배가 고프다
먹을 게 있으면서 굶는 거랑
아무것도 없고 돈도 떨어진 상태에서 굶는 건

많이 춥다

이불을 뒤집어쓰고 있지 않으면
앉아 있질 못한다
겨울, 이제 시작인데
내일은 오늘 보다 더 춥다는데

긴 여행 27

생에 지친
한 여인이 찾아들었다
얼마나 힘들고 어려웠으면
술도 한잔했는가 보다
무엇이 저렇게
이 여인 앞에 밤늦도록
소주잔을 앞에 두게 했을까

너도 나도 어려운 때
언제 어렵지 않은 시절이 있었던가
이런 사람이 어디 한 둘이랴 마는
내 좀 아는 사람이 힘들어하니
마음이 아프다
어떻게 다독거려
잡아 줬으면 좋으련만
나의 현실에서
어쩌지 못하는 내가 더 한심스럽고

이리도
지친 여인아
현실과 부딪혀
슬기롭게 이겨내기를
바랄 뿐이다

긴 여행 28

돌아
돌아
이제
여기
떠난
그 자리

고작
300km

제3부

위로 1

바람이겠지
바람이겠지
그냥 지나는 바람이겠지

기억하지 않아도
담아두지 않아도 좋을
그냥 지나는 바람이겠지

잠시 머문다 해도
아픔이네 슬픔이네
말하지 않아도 좋을
그냥 지나는 바람이겠지

아프겠다

위로 2

잊자고
바닷가에 갔다면서
아픔이라도 베어주고 오지
산에 갔다면서
그리움이라도 내려놓고 오지

다가올 아픔
더욱 짙어질 그리움
어찌 다 감당하려구

차라리 울어라
기르던 고양이도 없어지면
마음이 짠하거늘
가슴에 한 사람을 지워야 하는데
남자라고 어찌 눈물 한 방울 없으라구

아픔은 소풍 보내고
그리움은 심부름 보내고

같이 울어 줄 테니
속 시원히 울어라

위로 3

어쩔 수 없어요

멀지 않는 옛날에
한 삼 년을 사랑한 사람이
있었습니다

사랑해서는 안 될 사람을 사랑했기에
어쩌다 그 사람과 마주하면
늘 외로웠습니다

애써 외면도 해 보지만
이미 가슴 한 귀퉁이 자리하고 있었기에
퍼내고 또 퍼내어도
아프기만 했어요

이젠 세월이 흘러
아픔이 그리움으로
자리매김하니

하아

어쩔 수 없어요
선택한 그리움이기에
비워질 때까지 그리워하는 수밖에

시시한 말

한 잎 두 잎
떨어지는 낙엽에도
괜시리 서러워지는

가을입니다

미처 펴내지 못한 그리움은
서러움이 된다고
함부로 그리워하다가는
아픈 외로움이 된다고

가을입니다

그리움은 저쪽 언덕 너머로 소풍 보내고
외로움은 그저 가슴에 묻어두고

보고 싶네요
가을 깊은 날에는

저 하늘을 닮은
그 사람이

비가(悲歌)

외로운 가슴끼리
부대끼며 달래보려 했건만
다들
숨기고만 있구나

그리운 마음끼리
안아 녹이려 했건만
다들
묻고만 있구나

사람

기막힌 이름
외롭다는 말
사람
어쩌면
거대한 사람 세상
인간 되지 못한
한 점
사람으로 달랑거리고
없는 이름
석자로만 외롭다

체념

퍼내고 또 퍼내고
이젠 끝인가 했는데

가슴 한 쪽에서
또 한 쪽으로
도로 채우고 있는 줄도 모르는

지우고
또 지워지고 있다 했는데
낙서장에 써 둔
이름만 지우고

냉가슴 꾹꾹 눌러 둔 그리움
가슴에다 씁니다
그리움이 다하고
기다림이 다하고
그래서
아픔이 다하는 날

진정 삶이 끝나는 날에는
나 당신
한 번은 보고 싶습니다

어쩔 수 없네요
이대로
내 생애
담을 수밖에

하루

하늘길을 홀로 떠다니며
방황하던 하루해는
취한 듯한 붉은 낙조로
어둠을 사르며 스러져가고
종식을 고하는 어둠은
밤을 타고 무르익는다
모든 만물 고요히 잠든 이 밤
다소곳한 여인이 승무를 출 때처럼
외로움이 사뿐사뿐 나래 쳐 올 때
누군가의 마음의 문을 향해
잃었던 언어로 두드리지만
허허로운 공간에 목맨 메아리는
나도 몰래 사라지고
끝내는 또 그리워
백지와의 대화를 한다

보고 싶다

한 사람을 가슴에 안고
살아간다는 건
차마 놓을 수 없는
애틋함이라 했다
그래서
사랑을 느끼기도 전에
내 가슴 한편엔
서늘한 그리움이
자리 잡았나 보다

그때부터이다
매일매일 가슴이
시린 것도

외사랑

오늘은 참 많이도
보고 싶다

그리움

만나자
한 마디면
될 텐데

우리 보자
그 한 마디면
될 텐데

바보

자주 못 봐
어슴푸레한 얼굴로
허기 면하고
조용히 네가 그리우면
혼자서도 행복할까

그리운 날은

어둠은 많은 이의 아픔을 품었고
내리는 비는 칙칙하다

바람 불어 비 오면
사람들이 보고 싶고
밤이라 비 오면
더 그리워집니다

잇다 잇다 놓아버린
이름들

진실로
이만큼 그리운 날은
한밤의 비가
비가(悲歌) 되는 날입니다

그대는 모릅니다

그날, 얼마나 유치해지고 싶었는지
얼마나 유치한 말들을 하고 싶었는지

슬픔을 위해 남겨지는 사람은 없습니다
남겨지기 때문에 슬픈 것인 걸요

나 또한 모릅니다
보내지 말걸
보내고도 세월로 견딜 것 같았는데
차라리 처음대로 돌리고 싶은 건
단 하루도 벗어날 수 없는 이 그리움 때문인지
그래서 놓을 수 없는 목숨 이어가며 하는
때늦은 후회인지는 나 진정 모릅니다

이젠 어찌합니까
슬퍼서 아픈
이 그리움
꾹 꾹 눌러 잠재우고 나면

나 어찌합니까

봄밤에 아들과 한 잔

나

나비를 기다리는 꽃처럼
내가 꽃 되어
당신 향한 마음으로
오롯이 피웠네

아들

꽃잎과 비가
같이 떨어지고
꽃잎은 봄 속으로 사라지는데
비는 빈 나무를 적시네

혹시

긴 터널이었다
앞뒤 분간할 수 없는
그냥 캄캄한 긴 터널이었다
여기서 죽나 싶었다
보고픈 사람
그리운 사람 보지 못하고
그냥 나 여기서 죽나

이 병원 저 병원
아무리 검사해도 병명이 없다
그때
의사 옆에 있던
나이 많은 간호사
혹시 갱년기세요

그 누가

이 밤
하늘 끝
맞닿음은
천 길

가슴을 치며
청춘의 달을
따라가듯
내 몸 구석구석
오류(誤謬)한 핏줄은
너로 인해
간조(干潮) 했노니

여기 얄궂게
끊어질듯
이어져 가는 세월과
목숨의 구두점 앞에
그저 모지린 목숨

쓰일 바 없는
내 이름 석 자만
홀로이 외롭고

어찌 인고의 설움 없이
인생과의 비김이 있을까 마는
이 땅 하늘 아래
검은 머리 백발 될 때
질탕한 흐느낌은
그 누가

꿈이라고

어느 날 문득
다가선 너를 보았을 때
그건
스쳐가는 바람이라
생각했었는데

지우려고
애써 지우려고
어제까지만 해도
견뎌내고 있었는데

그래
한바탕 꿈이겠지
진정 꿈일 게야
가슴 조이며 잠 못 드는
나만 빼면

신새벽

가만가만
혼자서 외롭다

겨울 여행

내 사는 동네는
한 움큼의 눈이
그리운 곳

가끔은 떠나고 싶다
그리움이 나를 부르는
오늘 같은 날은
어디라도 좋아라
하얀 설산이라도 좋고
초라한 시 같은
겨울바다도 좋을 게다

어느 낯선 부두에서
찬바람 에이며
자판기 커피 한 잔에
따순해지는 외로움이라면
더욱더

그러다 혹시
사그락 사그락
눈이라도 내리면
아마도
나 울어버릴 만큼 좋을 게다

거짓이 아닌데

매일매일 취해 사는 거
이건 사는 게 아니야

당신 보고파서
당신 그리워서 이러는 게 아니야
행복하게 해 주고 싶었던 마음이
이제는 거짓이 되어버린 현실이
내 아픔으로 다가와서

이건 살아도 사는 게 아니야

원치 않은 운명으로 생긴 상처
그 상처가 아물기까지는
삶의 모든 것이
생채기일 수밖에 없다는 게
또 다른 아픔으로 다가와서

그래서 취하고

또 취하고

그래 이제 행복합니까?

위선

그만큼만
가슴을 속이고
하루를 시작하고
닦을 용기도 없이
흘릴 눈물만 아니라면

사랑이 있어 아픔도 있겠거니
그 아픔도 견딜 수 있겠거니
하여 그것에 감사할 일도 있겠거니

누가 머라나
건딘 것도 아닌데
삶에 지치고
병에 지치고
아파하는 식주 니한테 더 지치고
그 참
삶이란

이별연습

비가 온다
그 사람이 좋아하는
비가 온다
덩달아 좋아했다

비가 온다
그리움이 온다
아니길 바라지만
또
아픔이 온다

나
그냥 살아지려나
그 사람을 잊고

봄

조기 저
아랑아랑
아지랑이 피우며

조기 저
아장아장
조카 녀석 걸음걸이로

겨우내
잠잔 녀석들
다 깨워
파릇파릇 해라 하고

살랑살랑
꼬물거리며

별 기대 없었건만

사뿐사뿐

그녀가

온다

할머니 제삿날

가지마소 가지마소
낭군님아 가지마소
울며손목 부여잡고
놓기싫어 나는우네
긴긴밤을 꼬박세며
울며절며 같이가오

원통ㅎ다 서방님아
청상과부 왠말이냐
올망졸망 어린자식
어이하오 이한생은
님가신길 나도갈세
저승길이 어드멘고

울며지쳐 쓰러지면
의지할이 누구인가
아들딸이 잘되라고
朝夕晝夜 천지신님

과부자식 욕은마소
회초리로 키웠다오

한해두해 젖은배게
혼자서만 간직한체
자식위해 바친한生
후회일랑 없으오만
행인들아 욕은마소
그네들은 모른다오

살다살다 지쳐서는
인생고개 노한되어
돌아보매 무인것을
추억인들 어쩔거나
아스라한 기억속에
언뜻언뜻 사랑한님

손자손녀 재롱보니
하마나　八旬老軀
주름깊고 백발성성
돌아서간 내젊음은
오호라　세월님아
뉘라서　보상할꼬

北邙山川 가는길이
이리도록 가까웠나
삽작너머 한발떼니
여기가　邙山일세
사랑한님 마중오소
할일다해 내가가오

남겨진　자손들아
슬퍼일랑 하지마라
사십여년 그리워한
서방님을 만났다네

하루하루 잊지못한
그리운님 만났다네

할배할매 하지마소
자식손자 걱정일랑
할배할매 왕생극락
이제서야 극락왕생
할배할매 행복하소
두손잡고 행복하소

할머니의 두 번째 제삿날에
당신 손자 식주 올림

해설

누구도 쓰지 못했으며 쓸 수도 없는 소소한 일상의 시(詩)를 읽다

송명호(한학자, 시인)

사내는 십여 년의 방황을 하게 된다. 마지막으로 한 번만을 입속에 되뇌며 집으로 간다. 저 멀리 집이 보인다. 세상이 부끄러워 어두워져서야 조금씩 다가선다. 집은 그대로 있었다. 살그머니 대문을 밀치고 마당에 들어선다. 창호지에 비치는 아내의 그림자. 아내는 붓을 잡고 무언가 쓰고 있었다. 곁에 누운 아들과 딸은 고이 잠든 것 같다. 아내의 작은아버지는 대구에서 알아주는 서예가였었지. 문득 아내의 푸념이 떠오른다. 나와 결혼한 후에 붓을 잡지 못했다며 난(蘭)을 치고 싶다고 했었지….

헛기침 소리도 내지 못하고 뒷걸음친다. 그리고 집과 반대쪽으로 하염없이 걸어가고 만다. 아, 아내는 내가 생활비를 제대로 보내지 못했는데 아이들을 잘 키우고 있었다. 어느덧 눈물이 흐른다. 그렇게 보고 싶었던 아내와 아이들이었다.

몇 달 만인가
일기 쓰기가 점점 어렵다
별로 하는 일 없이 인천에 눌러 앉았다
비 안 새는 방 하나 얻어 매일 책만 본다
생활비 떨어지면 막일 나가고
공백 기간 동안 일어난 많은 일들
생각과 다르게 일어나는 결과들
내게 있던 돈들을 털어 어떤 일에 버렸으니
집으로 가는 길이 점점 멀어지나 두렵다

—「긴 여행 14」 전문

누군가의 마음의 문을 향해
잃었던 언어로 두드리지만
허허로운 공간에 목 메인 메아리는
나도 몰래 사라지고
끝내는 또 그리워
백지와의 대화를 한다

—「하루」 부분

34살 그 푸른 나이에 시인은 부도를 내고 만다. 집을 나갈 수밖에 없었다. 이태를 떠돌았다. 그 사이에 1997년 IMF 체제에 들어간다. 1998년 국가에서 부도로 파산한 기업들에 자수 기간을 설정한다. 고의적 부도가 아니었다면서 법원은 기소중지 처분을 내린다. 그리고 신용불량자가 된다.

그러나 시인 박식주(朴植周)의 마음은 2년이 아니라 10년, 20년이 지나도 방랑자였다. 그는 누구인가. 1963년생. 경북 경산 출생. 영남대학교 토목공학과 출신이다. 토목 기사이면서 건축기사이기도 하다. 직업의 안정성을 위해서 5급 공무원 기술직 시험을 보았으면 고급 공무원으로서 평탄하게 살았을지도 모른다. 그의 시를 읽으면 자본주의 사회에서 자본을 생산하는 기업인으로서보다는 정지된 수면, 낚싯대의 찌에 앉은 고추잠자리 같은 정관(靜觀)의 사색을 보여준다.

방이 너무 추워
촛불 하나 켜 두고
하루 종일 나는
몸이 아프다
하지만
네가 아플 것 같아
난 아프지 않으려 한다

부치지 못할 편지를 쓴다
사랑하는 사람은
곁에 있어도
늘 그립다고 하는데
하물며 천리 먼 하늘아래 있는 당신이야
그립다 그립다 말장난이고
차라리 펄쩍 뛰며 미치고

외롭다 외롭다
허공의 메아리고
차라리
가슴을 쥐어뜯고

내가 나를 외롭게 하고
내가 나를 슬프게 하고
내가 나를 고독케 하고
그래서
내가 나를 힘들게 하니
내 집으로 돌아가는 날까지
시간을 견뎌야 하는 것이
나는 두렵다

—「긴 여행 7」 전문

아마도 집 나간 이태 동안 노동으로 연명하던 시기에 두고 온 아내를 그리워하는 시라는 생각이 든다. 그렇다면 그의 시는 스스로를 파멸시킨 사업실패에서 온 것인가. 그렇지 않은 듯하다.

기막힌 이름
외롭다는 말
사람
어쩌면
거대한 사람 세상
인간 되지 못한
한 점
사람으로 달랑거리고
없는 이름
석 자로만 외롭다

—「사람」 전문

시인이 중학교 다닐 때의 국어교사가 나중에 시인이 되라고 말했다고 한다. 성장하여 그 국어 선생님을 찾아갔었는데 자살로 운명을 달리하였다는 것을 들었다고 회상했다. 이 시집에서 시인의 고단한 삶과 관련 없는 시들을 읽게 되면 박식주는 詩心을 타고난 시인이었음을 알게 된다.

그렇다면 詩란 무엇인가.

『논어』에서 말하는 詩는 현대의 문학 연구자들이 말하는 詩와 다르다. 『논어』의 시는 '흥어시(興於詩), 입어례(立於禮), 성어악(成於樂)'에서 보듯이 예와 악과 관련이 있다. 興於詩라 하여 '오늘날의 정서적 감흥을 일으킨다'로 이해하는 듯하다. 아니다. 예악과 나란히 두었으므로(興於詩, 立於禮, 成於樂) 통치질서(禮治)와 관련이 있다. 주희는 『논어집주』에서 윤리적 소양을 일으키는 것으로 본다(興起其好善惡惡之心). 이런 관점에서 번역해 보면 '興於詩, 立於禮, 成於樂'는 자왈, "시로써 군자지행(禮道)의 시작에 서고, 사회적 가치 추구에 대한 자발적 신념으로써 군자지행을 걸어가며, 음악으로 군자지행을 완성한다." 또한 詩는 시가(詩歌)로서 '노래'에 해당된다. 이 논지는 현대 유학자 사빙영이 '興於詩, 立於禮, 成於樂'를 풀이한 바에서 확인할 수 있다.

공자가 말하였다. 예를 집전하는 『시경』의 詩는 태사 지(摯)가 노래를 부름으로써 분위기를 끌어올리면서 연주하기 시작한다. 「관저(關雎)」 편의 합악(合樂)으로 끝을 맺는다. 귀에는 음악 소리가 가득 흘러 넘친다. 참으로 듣기 좋도다(孔子說 典禮詩 由太師摯演奏升歌開始 關雎的合樂做終結 滿耳朵洋溢著樂聲 眞是好聽呀 – 사빙영(謝冰瑩) 등의 『신역사서독본(新譯四書讀本)』 p.154).

쉽게 말해서 현대 한국어로 써진 '시'와 다르게 고대 Chinese의 詩는 사회적 가치를 지키고 추구하는 바에 기여하며, 운문(韻文)을 넘어서는 '노래'라는 것이다. 고대 Chinese의 '詩'와 현대 한국의 '시'가 다르다고만 볼 것인가. 현대 한국의 '시'는 사회적 가치 실현을 목적으로 하는 참여시가 있으며, 참여시가 바로 2500년 전 Chinese의 '詩'에 해당된다고 볼 수 있다.

그렇다면 박식주의 시는 어떠한가. 박식주의 시는 시인의 사회적 처지를 노래하였다. 이는 「긴 여행」 27편에서 시인은 사회적 상황으로 고통받고 있음을 쉽게 알 수 있다. 「주태백 소나타」 9편도 마찬가지다. 단지 시인은 '자본주의, 1997 전후한 거품 경제의 소멸과 IMF 체제, 기소중지' 등에 수동적 존재에 불과하다. 이는 리얼리즘 시대의 왜소한 자아일 수밖에 없다. 시인이 깨어 있는 자아로서 세상과 맞설 수는 없었는가. 냉

정하게 말하면 그러하질 못하였다.

나는 시인을 좀 더 알기 위해서 시인의 가계를 조금 조사하였다.

아버지 밀양박씨 박두용(朴斗龍, 1938) 경상북도 경산 용성 출신, 어머니 재령이씨 이복열(李福烈, 1940), 경상북도 청도 원정리 출신. 아버지는 경상도에 불어닥친 박정희 태풍에 모든 것이 묻혀 버렸다고 볼 수 있다. 어머니의 오라버니 이만섭(李萬燮, 1930년)은 서울대 사회학과 2학년 재학중 통일운동 등으로 사형선고를 받는다. 그러나 행방불명으로 모든 것들이 정지되고 만다. 며느리 장미숙(蔣美淑)의 증언에 의하면 시어머니는 오라버니를 빨갱이로 믿고 있었다고 한다. 아니라고 어머님의 오라버니는 독립운동가와 같은 사람이었다고 말씀을 드려야 했다.

어쨌건 시인의 시적 감수성은 어머니로부터 물려받은 듯하지만 시 속에 의식적인 사회적 활동이 없었다는 점은 아버지에 가깝다.

그 외의 시편들은 모두 순수 서정시로 볼 수 있다.

그의 서정시는 누구인지 알 수 없으나 그리움의 정서로 가득하다. 아들과 함께 쓴 시인지 모르겠으나 특별한 시 한 수가 있다.

나

나비를 기다리는 꽃처럼
내가 꽃 되어
당신 향한 마음으로
오롯이 피웠네

아들

꽃잎과 비가
같이 떨어지고
꽃잎은 봄 속으로 사라지는데
비는 빈 나무를 적시네

—「봄밤에 아들과 한 잔」 전문

'나'는 박식주 시인을 지칭하는 듯한데 '당신'이 아들인 것 같지 않다. '아들'의 시도 '나'의 시에 화답시와 관련이 없다. 그렇다면 봄밤을 소재로 아들과 아버지가 시 한 수씩 써 보기로 약속 또는 내기를 하고 쓴 듯하다. 아버지와 아들이 봄밤에 술을 마시면서 시를 쓰는 정경을 생각해 보았는가.

아들 박철환(朴哲煥)은 32살이다. 83살의 할아버지를 모시고 지금도 대중목욕탕으로 간다. 이러한 집안이 아직도 있을까. 해외토픽에 나옴 직한 아름다운 모습이다.

시인의 아내 장미숙은 지금도 집안의 벽에다 자신이 감동받은 시를 붓글씨로 써서 걸어둔다. 어느 날 학창시절의 친구가 놀러와서 너는 아직도 시를 써서 걸어둘 만큼 유치한가라는 핀잔을 들었다고 토로했다. 내가 말했다. 그 친구 참, 위대한 사람이란 어린 시절의 순수성을 늙을 때까지 유지하는 사람이다. 기소중지로 떠돌던 시기에 일기를 쓰지 못한다고 괴로워하는 박식주 시인, 84살의 할아버지를 씻겨 드리는 손자 박철환, 시를 써서 방안에 걸어두는 시인의 아내가 무엇을 잘못했는지 모르겠다.

서울대학교 국문과 교수 김용직의 홀어머니는 여든이 넘어 돌아가셨다. 예순이 넘은 김용직 선생님은 날마다 홀어머니의 몸을 씻겨드렸다. 고이 안고서 이부자리에 눕히셨다. 그리고 『한국근대시사 상 · 하』(1986)의 마무리에 바빴다. 한숨을 돌리고 어머니께로 들렀는데 운명하셨다. 김용직 선생님은 책의 서문에 이 이야기를 쓰고 어머님께 영전에 바친다고 쓰셨다. 나는 머리말을 읽다가 나도 모르게 눈물을 줄줄 흘리고 있었다. 선생님은 나의 지도교수이시다. 나의 어떤 시들도 선생님의 머리말보다 못하다는 것을 알았다.

오늘날 한국을 문화대국이라 한다. BTS 같은 아이돌 스타, 『겨울연가』 같은 드라마가 전 세계인을 감동케 한다. 이 감동의 뿌리는 바로 박식주 가족의 작고도 아름다운 일상에 숨어 있다.

> 박한내
> 누구 딸
> 아빠 딸
> 누구 꺼야
> 아빠 꺼야
> 언제까지
> 죽을 때까지
>
> 매미 소리에 보고파
> 소주 한 잔
> 새소리에 슬퍼
> 눈물 한 방울
>
> —「긴 여행 6」 전문

시인이 딸을 그리워하며 쓴 시에는 군더더기가 없

다. 대다수의 시들에는 유명 시인의 시를 흉내 또는 표절이랄까 어떤 냄새를 풍기게 마련이다. 그런데 박식주 시인의 시는 무균질이다. 어떤 시인의 영향도 없으며, 어떠한 가식도 보이지 않는다. 이런 점은 장점이지만 단점이기도 하다. 시인에게 영향을 끼치었음이 분명한 중학교 국어교사가 박식주 시인에게 시 쓰기를 가르쳐 주었다면 얼마나 좋았을까. 선천적으로 타고난 사색의 시심을 더 깊게 더 넓게 더 크게 하였을 것이다. 다른 시인의 영향을 받는 시는 더 좋아지기도 한다. 이백, 두보, 소동파는 도연명의 영향을 크게 받았다. 이들 시인들은 서로를 닮지도 않았다. 각자의 세계를 새롭게 만들지 않았는가.

생각 안 하리라 그렇게 다짐했건만
얼마 전 새벽 대구에 내려갔을 때
전해 받은 아내의 사진을 꺼내 놓는다
행여 마음 약해질까 어떤 사진도 가져오지 않았는데
장미, 지금쯤 일어나 부산히 움직이고 있겠지
오늘도 고단한 하루가 시작이 될 텐데
식당 일에, 부모님과 함께 이래저래 미안하구나
언제쯤이면 남들이 말하는 호강시켜 줄 수 있을까
그날 어서 오게 노력할 것이다

지금쯤 엄마 아버지 얼마나 마음고생하고 계실까
감히 용서해 달라는 말이 나오지 않는다

—「긴 여행 11」 부분

'장미'는 시인의 아내를 부르는 이름이다. 시인의 딸과 아내는 엄청난 미인이다. 딸은 미인대회 수상자이기도 하다. 아내를 그리워하는 마음에 엄마와 아버지를 걱정하는 마음이 묻어 있다. 이토록 평범하고 소소한 일상은 모두가 간직한 듯하지만 누구도 흉내내지 못한다. 누구도 시로 쓰지 못한다.

이순신 장군은 학문적으로 천재가 아니었다. 서른이 넘어서 무과에 합격하였다. 무과는 당시 젊은이들이 응시하려 않았다. 평범한 군인 이순신은 전라 좌수사로 부임지로 간다. 누구나 해야 할 일이지만 누구도 하지 않던 일에 이순신은 열심이었다. 하늘과 바다를 관찰하고 날씨를 기록한다. 둔전을 지어 군량미를 마련한다. 자신과 수병들이 평소에 훈련을 열심히 한다. 그리고 일기를 쓴다.

박식주 시인의 시는 '자신과 아내, 아들과 딸과 부모'를 생각하는 시를 썼다. 이순신 장군의 일상만큼 평범한 소재들이다. 그런데 지루하지 않고 술술 읽힌다. 술술 읽히는 시들은 엄청난 흡인력을 갖는다. 단숨에 끝까지 읽게 한다. 박식주 시인도 일기를 썼다.

이순신 장군보다 군사적으로 뛰어난 천재는 없었다.